www.ingramcontent.com/pod-product-compliance
Lightning Source LLC
Chambersburg PA
CBHW041644110726
48005CB00003B/693

واحة الحكايات

© واحة الحكايات للنشر والتوزيع
الإمارات العربية المتحدة
Wahat Alhekayat Publishing
and Distribution
دبي - واحة السليكون
Dubai Silicon Oasis - UAE
0097143336366
00971558236687
Email :info@wahatalhekayat.com
www.wahatalhekayat.com
حروف وكلمات
تأليف: د. صفاء عزمي
رسوم: دانيال قطار
ISBN: 9789948399377

حُروف وكلمات

تأليف: صفاء عزمي

رسوم: دانيال قطار

أ

أَسَدٌ في الحَديقَةِ
يَلْعَبُ مَعَ سِنْجاب..
أَرْنَبٌ عَلى أُرْجوحَةٍ
طارَ إلى السَّحاب.

نْ

نَحْلةٌ اسْمُها نونو

سَمِعَت النِّداء:

هَيَّا بِنا نَعْمَل،

نَجْمَعُ الغِذاء.

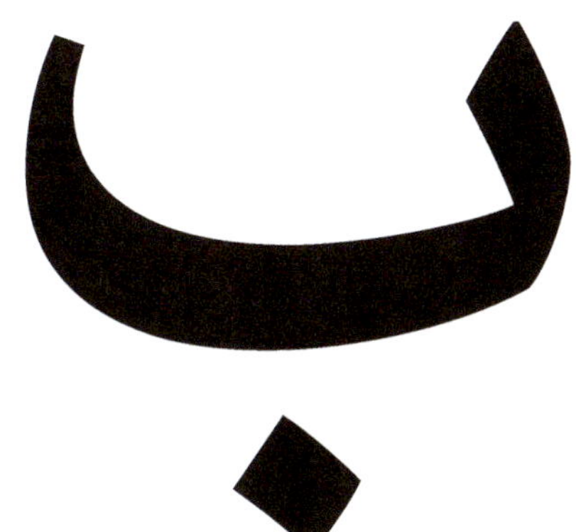

ب

بَيْتي فيهِ بُلْبُل،

فيهِ بَبَّغاء..

سَمِعا الموسيقى،

رَدَّدا الغِناء.

ر

راعٍ تَعِبَ،
رَقَدَ ونام..
رِيمٌ رَقَصَ
مَعَ الأغْنام.

12

و

وَزَّةٌ وَقَفَت
عَلَى بابِ الدّار..
وَزَّةٌ لَعِبَت
مَعَ الصِّغار.

هـ

هاني ضَحِكَ: ها ها ها.

يُمْنى ضَحِكَتْ: ها ها ها.

هَيَّا نَضْحَك:

هاها ها.. هاها ها.

ز

يُمْنى زَرَعَتْ

زَهْرَةً زَرْقاءَ..

زَهْرَةً جَمِيلَةً

بِلَوْنِ السَّماءِ.

لك

كَعْكَةُ كَرَزٍ،

لَوْزٌ ورُّمّان..

هَمْ هَمْ! نَأْكُل

ونَغْسِلُ الأَسْنان.

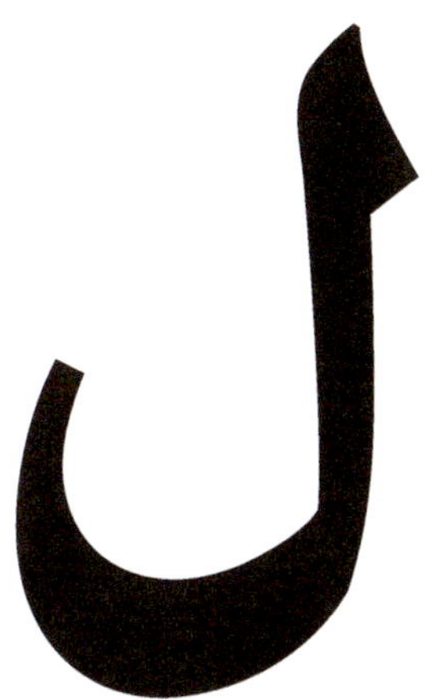

لَيْلَى تَحْتَ اللِّحافِ،

لا تخافي يا لَيْلَى.

لَيْلَى قالَتْ:

لا لا لَنْ أخْرُجَ.

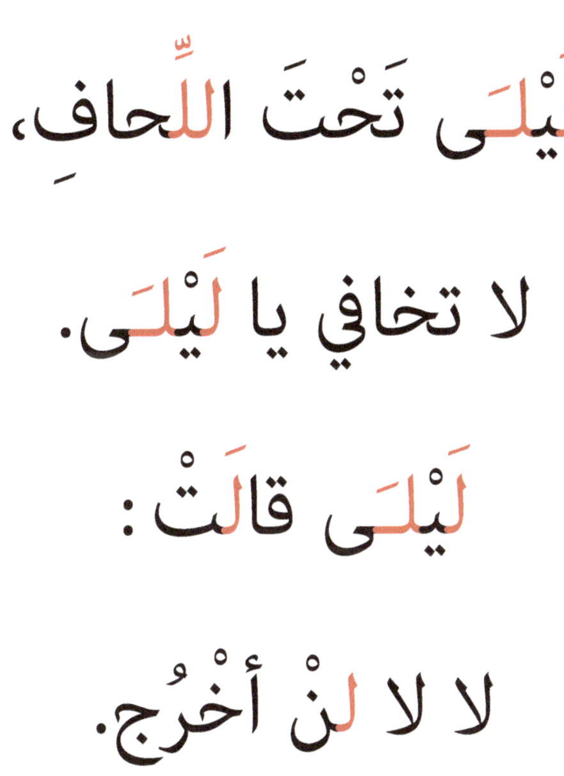

ي

يُمْنى وياسِرٌ
فَوْقَ الأَشْجارِ..
يَمامَةٌ طارَتْ
ويَرْبوعٌ سار.

م

مَوْجٌ مُدْهِشٌ،

صاحَ القُبْطان:

مالَ الـمَرْكَبُ،

ابْقَوْا في الـمَكان!

ض

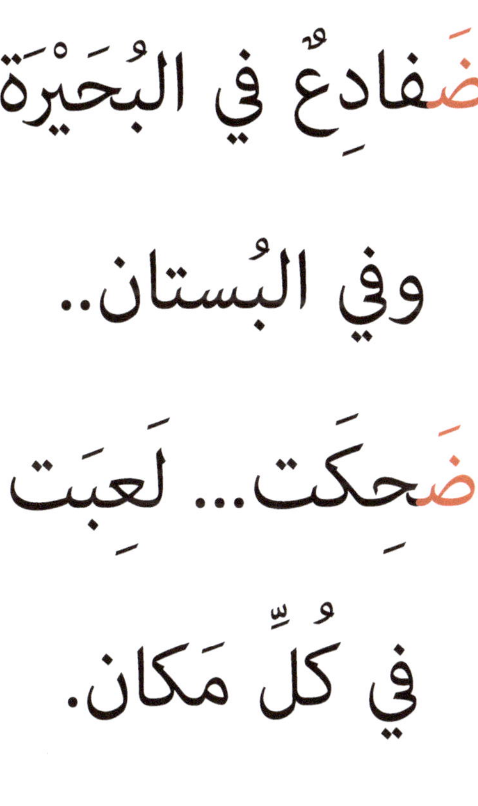

ضَفادِعٌ في البُحَيْرة

وفي البُستان..

ضَحِكَت... لَعِبَت

في كُلِّ مَكان.

خ

خُبْزٌ، خَسٌّ،

جُبْنٌ وخِيار،

هَيّا ساعِدوني؛

جَهِّزوا الإفْطار.

ت

تَوْأَمٌ جَمَعَ التُّفَّاح،

تَوْأَمٌ أَكَلَ التُّفَّاح،

قالَ: شُكْرًا ياجَدِّي،

شُكْرًا يا أَعْظَمَ فَلَّاح!

د

دَوّارُ الشَّمسِ

دارَ دار..

ديكٌ صاحَ

عَلى سورِ الدّار.

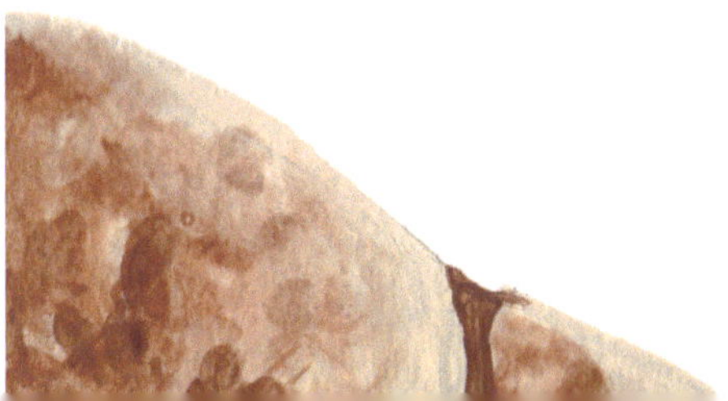

ص

صاروخي الأَصْفَر

صَغيرٌ صَغير،

طارَ.. طار..

سبَقَ العَصافير.

جـ

جَمَلُ جَدِّي

جاءَ.. جاءَ..

أَكَلَ الجَزَرَ

وشَرِبَ الماء.

س

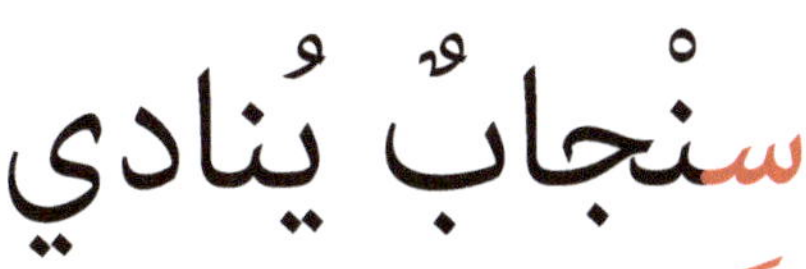

سِنْجابٌ يُنادي

يا سُلَحْفاة!

هَيّا بِنا نَقْفِزُ،

نَسْبَحُ في المِياه.

ن

ذِئْبٌ قالَ: ذَيْلي
أنا طَويلٌ.. طَويل.
رَدَّ الطَّاووسُ: ذَيْلي
أنا.. جَميلٌ جَميل.

ف

فَهْدٌ وفيلٌ

فَتَحا الباب،

خَرَجا وفَرِحا...

لَعِبا بِالأَلْعاب.

حوتٌ ضَحِكَ،

لَعِبَ فَوْقَ الْماء،

فَرِحَت الْحَمَامَةُ،

حامَتْ في السَّماء.

ع

عَرَبَةُ جَدِّي
عَلَيْها زَرْعٌ،
وعُصْفور.. يَبْني
عُشًّا بَيْنَ الزُّهور.

ق

قُنْفُذٌ، قِطٌّ،

قِرْدٌ وكِتاب.

قِصَّة جَميلَة

مَعَ الأَصْحاب.

ط

طَائِرٌ طَيِّبٌ

اسْمُهُ الطَّاووس،

لَبِسَ الطَّاقِيَّة،

حَمَلَ الفانوس.

ظ

ظَبْيٌ وَقَفَ
وحَمَلَ مِظَلَّة..
ظَلَّ يُغَنِّي
تَحْتَ الظُّلَّة.

ش

شُعاعُ الشَّمْسِ

أَدْفَأَ عُشَّ الحَمام..

وأَدْفَأَ شادي

أَيْضًا في الحَمَّام.

ث

ثُعْبانٌ واحِدِ
أم اثْنان؟
بَلْ هُمْ ثَلاثَةٌ
في نَفْسِ الْـمَكان.

غ

غوريلّا تَبْحَثُ

مَعَ الْغُراب،

عنْ غَزالٍ غابَ..

وتاهَ في الْغاب.

AF351200